Campeones de la NBA: Los Milwaukee Bucks

El alero Frank Brickowski

El escolta Sidney Moncrief

CAMPEONES DE LA NBA

LOS MILWAUKEE BUCKS

POR JAMES BARRY

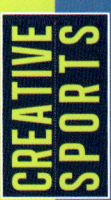

CREATIVE EDUCATION / CREATIVE PAPERBACKS

El centro Kareem Abdul-Jabbar

Publicado por Creative Education y Creative Paperbacks
P.O. Box 227, Mankato, Minnesota 56002
Creative Education y Creative Paperbacks son sellos de
The Creative Company
www.thecreativecompany.us

Dirección artística de Tom Morgan
Producción de libros de Graham Morgan
Editado por Grace Cain

Imágenes de Getty Images/ Bettmann, 12, Brian Babineau, 6, Elsa, 16, Ezra Shaw, portada, Focus On Sport, portada, 7, 2, Jonathan Daniel, 19, 24, Mike McGinnis, 10, Paul Natkin, 15, Ronald C. Modra, 5, Stacy Revere, 20, Vernon Biever, 4; Newscom/ Harry E. Walker, 3, Steve Lipofsky, 1; Unsplash/ Wei Zeng, 9
Se ha hecho todo lo posible por contactar con los titulares de los derechos de autor del material reproducido en este libro. Cualquier omisión será rectificada en impresiones posteriores si se notifica al editor.

Copyright © 2025 Creative Education, Creative Paperbacks
Derechos de autor internacionales reservados en todos los países. Ninguna parte de este libro puede ser reproducida en forma alguna sin permiso escrito del editor.

Library of Congress Cataloging-in-Publication Data
Names: Barry, James (Author of children's books), author.
Title: Los Milwaukee Bucks / by James Barry.
Other titles: Milwaukee Bucks. Spanish
Description: Mankato, Minnesota : Creative Education and Creative Paperbacks, [2025] | Series: Creative sports. Campeones de la NBA | Includes index. | Audience: Ages 7-10 years | Audience: Grades 2-3 | Summary: "Elementary-level text translated into North American Spanish and dynamic sports photos highlight the NBA championship wins of the Milwaukee Bucks, plus sensational players associated with the professional basketball team such as Giannis Antetokounmpo"-- Provided by publisher.
Identifiers: LCCN 2024023429 (print) | LCCN 2024023430 (ebook) | ISBN 9798889898214 (lib. bdg.) | ISBN 9781682778807 (paperback) | ISBN 9798889898412 (ebook)
Subjects: LCSH: Milwaukee Bucks (Basketball team)--Juvenile literature. | Basketball--Wisconsin--Milwaukee--History--Juvenile literature.
Classification: LCC GV885.52.M54 B3718 2025 (print) | LCC GV885.52.M54 (ebook) | DDC 796.323/640977595--dc23/eng/20240626

Impreso en China

El centro Bob Lanier

El base Brandon Jennings

ÍNDICE

Hogar de los Bucks	8
Nombrando a los Bucks	13
Historia de los Bucks	14
Otras estrellas de los Bucks	18
Acerca de los Bucks	22
Glosario	23
Índice	24

Hogar de los Bucks

Milwaukee (Wisconsin) es una ciudad nevosa durante los meses de invierno del Medio Oeste. Es conocida por sus cervecerías y festivales de música. La ciudad alberga un nuevo **estadio** llamado Fiserv Forum. Los aficionados del baloncesto acuden allí muchas noches frías. Animan a un equipo llamado los Bucks.

CAMPEONES DE LA NBA

El alero Giannis Antetokounmpo

Los Milwaukee Bucks forman parte de la Asociación Nacional de Baloncesto (NBA). Juegan en la División Central. Es parte de la Conferencia Este. Dos de los mayores **rivales** de los Bucks son los Indiana Pacers y los Chicago Bulls. Los equipos de la NBA intentan ganar las Finales de la NBA y proclamarse campeones.

CAMPEONES DE LA NBA

El base Flynn Robinson

Nombrando a los Bucks

Se organizó un concurso para bautizar al nuevo equipo. Algunos de los nombres elegidos fueron los Robins, los Bucks e incluso los Skunks. Se eligió los Bucks. Un buck es un ciervo macho. En los bosques de Wisconsin hay muchos ciervos que saltan alto y se mueven rápido. Los propietarios del equipo esperaban que sus jugadores también saltaran alto y se movieran rápido.

Historia de los Bucks

Los Bucks empezaron a jugar en 1968. Rápidamente se convirtieron en campeones. Tenían a dos de los mejores jugadores de la historia. En 1971, el centro Kareem Abdul-Jabbar y el **versátil** escolta Oscar Robertson llevaron a los Bucks al **título**. En 1974 llegaron de nuevo a las Finales de la NBA. Pero perdieron contra los Boston Celtics.

El entrenador Don Nelson se unió a los Bucks más tarde en la década de 1970. Ayudó al equipo a ganar 50 partidos o más durante 7 años seguidos. Los Bucks

El centro Kareem Abdul-Jabbar

El alero Giannis Antetokounmpo

llegaron a las **eliminatorias** cada uno de esos años. Pero no pudieron volver a las Finales.

En 2013, los Bucks tomaron una gran decisión. Eligieron a Giannis Antetokounmpo con el 15º puesto del Draft de la NBA. Es un excelente anotador, reboteador y defensor. Antetokounmpo ganó consecutivamente los premios al **Jugador Más Valioso (MVP)**. En 2021, ¡llevó a los Bucks a su segundo campeonato!

Otras estrellas de los Bucks

Milwaukee ha tenido muchos grandes jugadores. El alero anotador Marques Johnson fue cuatro veces **All-Star** con los Bucks. Sidney Moncrief ganó dos veces consecutivas el premio al Jugador Defensivo del Año de la NBA.

El escolta Ray Allen y el alero Glenn "Big Dog" Robinson llevaron al equipo a los playoffs tres años seguidos. Casi

El escolta Ray Allen

LOS MILWAUKEE BUCKS

CAMPEONES DE LA NBA

El base Damian Lillard

volvió a las Finales en 2001. El escolta zurdo Michael Redd fue uno de los mejores anotadores de la década de 2000. Fue All-Star con los Bucks.

En 2023, el excitante escolta Damian Lillard se asoció con Antetokounmpo y se unió a los Bucks. Los aficionados esperan que el nuevo dúo de superestrellas del equipo les lleve a un tercer campeonato.

Acerca de los Bucks

Primera temporada: 1968-69

....

Conferencia/división: Conferencia Este, División Central

....

Colores del equipo: verde de Good Land, crema de Cream City, azul de los Grandes Lagos, negro y blanco

....

Estadio local: Fiserv Forum

....

CAMPEONATOS DE LA NBA:

1971, 4 partidos a 0 sobre los Baltimore Bullets

....

2021, 4 partidos a 2 sobre los Phoenix Suns

....

PÁGINA WEB DEL EQUIPO:

https://www.nba.com/bucks/

....

Glosario

All-Star—jugador elegido para jugar en el partido All-Star, en el que participan las principales estrellas de la temporada

eliminatorias—partidos que los mejores equipos juegan después de la temporada regular para ver quién será el campeón

estadio—un edificio grande con asientos para espectadores, donde se celebran partidos deportivos y eventos de entretenimiento

Jugador Más Valioso (MVP)—un honor otorgado al mejor jugador de la temporada

rival—un equipo que juega más duro contra otro equipo

título—otra palabra para campeonato

versátil—capaz de hacer bien muchas cosas diferentes

CAMPEONES DE LA NBA

El alero Khris Middleton

Índice

Abdul-Jabbar, Kareem, 4, 14, 15

Allen, Ray, 18, 19

Antetokounmpo, Giannis, 10, 16, 17, 21

Brickowski, Frank, 1

Fiserv Forum, 8, 22

Jennings, Brandon, 6

Johnson, Marques, 18

Lanier, Bob, 5

Lillard, Damian, 20, 21

Middleton, Khris, 24

Moncrief, Sidney, 2, 18

Nelson, Don, 14

nombre del equipo, 13

Redd, Michael, 21

Robertson, Oscar, 14

Robinson, Flynn, 12

Robinson, Glenn "Big Dog" 18